Losing Appetite For Existence
Η ανορεξία της ύπαρξης

Poems

Katerina Anghelaki-Rooke
Translation by Philip Ramp

Fomite
Burlington, Vermont

Copyright © 2020 Katerina Anghelaki-Rooke
Translations copyright © 2020 Philip Ramp

Cover image - © Dimitris Victor

All rights reserved. No part of this book may be reproduced in any form or by any means without the prior written consent of the publisher, except in the case of brief quotations used in reviews and certain other noncommercial uses permitted by copyright law.

ISBN-978-1-947917-67-5
Library of Congress Control Number: 2020939876

Fomite
58 Peru Street
Burlington, VT 05401
www.fomitepress.com

Στη μνήμη του Ρόντνεϋ Ρουκ

In memory of Rodney Rooke

ΠΕΡΙΕΧΟΜΕΝΑ

Η ανορεξία της ύπαρξης	2
Φόβος το νέο πάθος	4
Κάτι τρέχει	6
Στιγμιαία Ζωή	8
Η όραση του έρωτα	10
Υπαρξιακές ερωταποκρίσεις	12
Η Θεά Συνήθεια	14
Τι δίνει η ποίηση και τι παίρνει	18
Πάει και το φεγγάρι	20
Ενα απλό κρεβάτι	22
Απρόσμενη εξέλιξη	26
Η αλλοτρίωση της έλξης	28
Η ευλογία της έλλειψης	30
Σκηνοθεσίες	32
Μοναχικό	34
Οι φίλοι μας τα φίδια	36
Αρχίζει σαν αστείο τραγούδι	38
Πίνω και καταπίνω	40
Η μονοσήμαντη φύση	42
Πρωινό αντίθετο στη μέρα	46
Λαθρεπιβάτης στο όνειρο	48
Η νομοτέλεια των δακρύων	52
Εποχή αντιπάθειας	54
Κάηκε "ολοσχερώς" το εγώ	58
Σωσίβιες λεπτομέρειες	62
Υπενθυμίσεις του έρωτα	64
Ποιητικό υστερόγραφο	66
About the poet	70

CONTENTS

Losing Appetite For Existence	3
Fear: The New Passion	5
Something's Going On	7
Ephemeral Life	9
Love's Vision	11
Existential Questions And Answers	13
The Goddess Routine	15
What Poetry Gives And What It Takes	19
The Moon's Gone As Well	21
A Simple Bed	23
Unforeseen Development	27
The Alienation Of Affinity	29
The Blessing Of Dearth	31
Stage Directions	33
Monastic	35
Our Friends The Snakes	37
Beginning Like A Silly Song	39
I Drink I Swallow	41
One-Track Nature	43
Morning As Opposed To Day	47
Stowaway In A Dream	49
The Necessity Of Tears	53
Age Of Aversion	55
The Ego "Entire" Went Up In Flames	59
Life-Saving Details	63
Reminders Of Love	65
Poetic Postscript	67
Translator's Addendum	69
About the translator	71

Η ανορεξία της ύπαρξης

Losing Appetite For Existence

Η ΑΝΟΡΕΞΙΑ ΤΗΣ ΥΠΑΡΞΕΙΣ

Δεν πεινάω, δεν πονάω, δεν βρωμάω
ίσως κάπου βαθιά να υποφέρω και να μην το ξέρω
κάνω πως γελάω
δεν επιθυμώ το αδύνατο
ούτε το δυνατό, τα απαγορευμένα
για μένα σώματα δε μου χορταίνουν τη ματιά.
Τον ουρανό καμιά φορά
κοιτάω με λαχτάρα
την ώρα που ο ήλιος σβήνει τη λάμψη του
και ο γαλανός εραστής παραδίνεται
στη γοητεία της νύχτας.
Η μόνη μου συμμετοχή
στο στροβίλισμα του κόσμου
είναι η ανάσα μου που βγαίνει σταθερή.
Αλλά νιώθω και μια άλλη
παράξενη συμμετοχή΄
αγωνία με πιάνει ξαφνικά
για τον ανθρώπινο πόνο.
Απλώνεται πάνω στη γη
σαν τελετουργικό τραπεζομάντιλο
που μουσκεμένο στο αίμα
σκεπάζει μύθους και θεούς
αιώνια αναγεννιέται
και με τη ζωή ταυτίζεται.
Ναι, τώρα θέλω να κλάψω
αλλά στ΄ρεψε ως και των δακρρύων μου
η πηγή.

LOSING APPETITE FOR EXISTENCE

No pang, no pain, no pong
perhaps down deep I'm suffering but know not where
acting like I'm laughing
desiring neither the impossible
nor the possible, the bodies
forbidden me no longer satisfying even to a glance.
Sometimes I look in
longing at the sky
when the sun is lowering its luminance
and the azure lover surrenders
to the allure of night.
My sole participation
in this world's whirl
is my breathing, steady as it goes.
Still I do feel another
peculiar kind of participation too;
seized by sudden anguish
over human pain.
It's spreading over the earth
like a ceremonial tablecloth
soaked in blood from
covering over myths and gods
yet eternally reborn
in a ritual equated with life.
Yes, now I'd like to weep
but the source of my tears has itself
run dry.

ΦΟΒΟΣ ΤΟ ΝΕΟ ΠΑΘΟΣ

Οι πληγές δεν ανθίζουν πια
σε ποιήματα και τραγούδια·
κακοφορμίζουν μονάχα.
Η θάλασσα δεν είναι πόθος
που πλέει στ' ανοιχτά
αλλά φόβος του βυθού.
Τι έγινε η χαρά της ζωής
που καταχτούσε την κάθε στιγμή
ακόμη κι όταν η μέρα ξημέρωνε δυσοίωνη;
Τώρα πόνος κανένας
δε μαστίζει το κορμί
αλλά το μέσα το αλυσοδένει
ένας νέος παντοδύναμος τύραννος:
ο φόβος.

Ηρθε ο φόβος και σάρωσε
όλα τα πάθη.
Ο έρωτας τώρα μοιάζει
πότε με ζητιάνο στη γωνιά
και πότε με γελωτοποιό χωρίς δουλειά
αφού κανέναν πια δεν κάνει να γελάσει.
Ἐνα είναι το πάθος; ο φόβος
π' απλώνεται σαν σάβανο
και όλα τα σκεπάζει.

Φόβος για την κατάρρευση
της φύσης, του κορμιού, του κόσμου.
Τώρα αντίνα ουρλιάζει το μέσα
"Τι ωραίος που είναι αυτός!"
μια είναι η φωνή που κυριαρχεί:
"Πρόσεχε!"

FEAR: THE NEW PASSION

The wounds no longer bloom
in poems and songs;
they merely become inflamed.
The sea is not a longing
sailing far and wide
but fear of the deep.
What happened to the joy of life
which swept up each moment
even when day broke inauspiciously?
Now when pain no
longer scourges the body
a new almighty tyrant
is shackling it from within:
fear.

Fear arrived and leveled
every passion.
Love has come to resemble
the beggar on the corner
or a jester who can't find work
as no one now feels the need to laugh.
Fear the only passion left
wrapping around everything as if
it were a shroud.

Fear over the breakdown
of nature, the body, the world.
Now instead of a crying out within
"How beautiful he is!"
a single voice dominates:
"Beware!"

ΚΑΤΙ ΤΡΕΧΕΙ

Τα πόδια μου ανοίγουνε
και κλείνουν στο κενό
τα χέρια μου αγκαλιάζουνε το άδειο
και η φαντασία μου συνωμοτεί με το μηδέν.
Μα τι τρέχει, τι τρέχει
και τίποτα δεν προχωρεί;
Η καταχνιά αρνιάται να γίνει σύννεφο
η υγρασία βροχή
ο χειμωνιάτικος ήλιος αργεί να φανεί
η συντηρητική μελαγχολία
δε λέει να ξεσπάσει σε απελπισία
και ο ανώνυμος εφιάλτης
διστάζει να ωρμιάσει σε συκεκριμένο φόβο θανάτου.
Αλλά να και μια λαμπερή σκιά:
η τελευταία μέρα μου
όλο αναβάλλει τον ερχομό της.

SOMETHING'S GOING ON

My legs open
and close upon a void
my arms embrace emptiness
and my imagination conspires with nothingness.
But what's going on, why is
nothing getting anywhere?
The mist refuses to become cloud,
the humidity, rain
the winter sun shows up late,
the discreet melancholy
seems unlikely to burst into despair
and the anonymous nightmare
hesitates to ripen into a specific fear of death.
But look, one bright shadow:
my final day
keeps putting off its arrival.

ΣΤΙΓΜΙΑΙΑ ΖΩΗ

Στον Κώστα Νησιώτη

Είχα κλείσει όλα τα παράθυρα
που έβλεπαν στον κήπο της σάρκας.
Τα παντζούρια μόνο άγγιζαν
τα κλαδιά της αγάπης
που έγερναν ξεραμένα
κι άγγιζαν το χώμα.
Μακριά στεκόμουνα
από τη θέα των θνητών αστεριών
φυλαγόμουνα μήπως κι επιθυμήσω.
Και τώρα; Χωρίς τίποτα να αλλάξει
υπήρξε μόνο μια στιγμή
όπου ενα εύγλωττο βλέμμα
περιέγραφα κάτι
ασύγκριτα πιο συναρπαστικό
απ' τη δική μου πραγματικότητα.

EPHEMERAL LIFE

For Kostas Nisiotis

I had shut all the windows
that faced the garden of flesh.
The shutters barely touched
the limbs of love
which withered had bowed
and now grazed the ground.
I was standing far from
the view of mortal stars
on the off chance I might desire them.
And now? Though nothing's changed
there was that one moment
when an eloquent look
expressed something
incomparably more enthralling
than my own reality.

Η ΟΡΑΣΗ ΤΟΥ ΕΡΩΤΑ

Τυφλώθηκα
γιατί έχασα την όραση του έρωτα
εκείνη που με τη δική της λειτουργία
κρατάει τα μάτια κλειστά
και δεν μισεί το σκοτάδι.
Πιο πολύ με όσφρηση μοιάζει
αφού απ' το πρόσωπο που αντικρίζεις
χύνεται ένα άρωμα
που μόνο εσύ μπορείς να μυρίσεις
μόνο απ' τη δική σου αναπνοή αναβλύζει.
Χωρίς αυτή την όραση
μπροστά σου ίσως να περάσει
το ιδανικό είδωλο του πάθους
κι εσύ δεν το βλέπεις
δε βλέπεις τον καινούριο ουρανό
που κουβαλάει στη ράχη του
έναν ουρανό όπου Δύση και Ανατολή
αγαπιούνται, χαμογελούν μαζί
και τρέφουν το μαγικά παιχνίδια
της φανατσίας.
Τώρα, μες στον αόρατο νου μου
ξαναφέρνω όνειρα παλιά
μήπως και ξαναδώ
το φάντασμα του έρωτα.

LOVE'S VISION

I went blind
because I lost love's vision
the one that has its own way
of keeping eyes closed
bearing dark no ill will.
It's really more like a scent
as the face you're facing
exudes a perfume
only you can smell
as only your breath bears its tell.
Without this vision
there might pass before you
passion's ideal idol
and you'd never see it
as you wouldn't see the new sky
which carries on its back
another sky where West and East
love each other, smile as one
and nourish those wondrous games
imagination plays.
Now, to my unseen mind
I summon back old dreams
hoping I might once more
glimpse the ghost of love.

ΥΠΑΡΞΙΑΚΕΣ ΕΡΩΤΑΠΟΚΡΙΣΕΙΣ

Τι ωραίος που ήταν ο έρωτας!
Πολιορκούσε χωρίς ενοχές
πολεμούσε χωρίς αιχμές, χωρίς φιλοδοξίες.
Λιοπύρι τα μεσάνυχτα
καλοκαιριά στον πάγο
έρωτας, το αντίθετο του αληθινού
έδινε στο πραγματικό ουσία.
Ήταν ωραία η ευωδιά του ιδρώτα
σοφά τα συμπεράσματα της σάρκας τότε
της σάρκας, της πιο παραμελημένης θεάς.

Τη Ζωή μου βλέπω τώρα
σαν ένα ντοκιμαντέρ
που δείχνει σπάνια της φύσης πουλιά
ξεχασμένες του κόσμου ακτές
απλησίαστες κορφές.
Τις κινήσεις της ψυχής μου
παρακολουθώ στην οθόνη.
Ποια μέθοδο ακολουθεί άραγε η ψυχή
για να επιζήσει για λίγο ακόμη χωρίς μέλλον;
Το ψέμα; Την αλήθεια;
Η αφήνεται στην φυσικότητα του είναι;
Ποιανού «είναι»;
Πώς μπορεί να υπάρξει «είναι» χωρίς μέλλον;

Όταν πια μόνο μια κάποια ιδέα οδηγεί στο σώμα
μόνο τ' όνειρο φέρνει το πάθος;
Όσο για τον έρωτα τον τελευταίο
είναι σαν το πρώτο:
βλασταίνει στο χωράφι του Πλάτωνα.

EXISTENTIAL QUESTIONS AND ANSWERS

How marvelous love once was!
Laying siege without guilt,
fighting without spears, without ambitions.
Scorching midnights
summers on ice,
love, in contrast to the true,
gave an essence to the real.
Wonderful was that sweet smelling sweat
wise the conclusions reached by flesh back then,
the flesh, most neglected goddess of them all.

I now see my life
as if it were a documentary
showing birds rare in nature
shores forgotten by the world
peaks inaccessible.
I watch the movements
of my soul on the screen.
What method might the soul employ
to survive just a little longer when future's not a choice?
The lie? The truth?
Or abandon itself to the naturalness of being?
Which "being"?
How can there exist "being" without a future tense?

Now when the body is only guided by some vague idea
is dream alone still capable of passion?
As for love itself, the last
is like the first:
flowering in Plato's field.

Η ΘΕΑ ΣΥΝΗΘΕΙΑ

Όταν σε προστατεύει
η Θεά Συνήθεια
σε κάνει να ευλογείς
το κάθε βαρετό χορταράκι
γιατί μαγικά αυτό σου κάνει το δρόμο βατό
ενα δρόμο χωρίς πραγματικό προορισμό
χωρίς ξεκίνημα
αφού για να κινήσεις
πρέπει να 'χεις σκοπό.
Κάνει η Θεά Συνήθεια
τις επικίνδυνες ισορροπίες
πάνω απ' το καθημερινό κενό
και τα άδεια ηλιοβασιλέματα
βαμμένα πορφυρά
σαν από αδέξιο ζωγράφο
τα κάνει όλα κινήσεις αυτόματες
που ευκολύνουν τη μέρα
χωρίς μήνυμα κανένα
να κλείνουν μέσα τους.
Η Θεά Συνήθεια
ακόμη και την ανάσα διατάζει
να μπαινοβγαίνει
αν οργανικά όλα πάνε καλά
και λείπει μόνο η χαρά της ζωής.

«Συνήθισα» λέω, και θέλω να πω
«Ξέχασα» -- για να επιζήσω –
το σώμα εκείνο
μ' ιδέες κι όνειρα τυλιγμένο.
Και να, έρχεται η αυγή

THE GODDESS ROUTINE

When the Goddess Routine
is protecting you
she gets you to bless
every tedious bit of grass
because somehow this magically makes the road passable
a road without any real destination
or starting point
because to move on
you must have a goal.
The Goddess Routine is adept
at dangerous balancing acts
over the daily void
and the empty sunsets
painted purple
as if by some inept artist…
she makes all these movements automatically
and the day thus easier
for there's no message enclosed
in any of them.
The Goddess Routine
even commands the breath
to go in and out
if everything is going well organically
and all that's lacking the joy of life.

"I used to" I say, wanting to say
"I forgot" – so I might simply survive –
that body
wrapped in ideas and dreams.
And look, dawn is coming

να στεφανώσει το λεηλατημένο
απ' το χρόνο πρόσωπό μου
με το θαύμα της ζωής
που η γλώσσα η φτωχή
άλλη λέξη από «φως»
δε βρήκε να του δώσει.
Ναι, Θεά Συνήθεια
σε πιστεύω και σε υπηρετώ.
Μείνε μου και εσύ πιστά
ως να σε βαρεθώ.

to crown my time-
plundered face
with the miracle of life
when meager language
couldn't find any word
other than "light"
to describe it.
Yes, Goddess Routine
I believe in you and serve you.
Remain faithful to me too
till I get bored with you.

ΤΙ ΔΙΝΕΙ Η ΠΟΙΗΣΗ ΚΑΙ ΤΙ ΠΑΙΡΝΕΙ

Τι δίνει η ποίηση και τι παίρνει;
Όταν κάτω από το βάρος κάποιου σύννεφου
όλο το μέσα σου σώμα γέρνει
όταν ενα μόνο βλλεμμα παλιές πληγές ξύνει
όταν μια νέα αναπηρία καινούριες πληγές ανοίγει
όταν τα φανάρια τ' ουρανού σε κοντινή απ' το μέλλον σου απόσταση
λάμπουν
και όλα τ' αποθέματα ζωής που 'χεις συλλέξει δεν φτάνουν
όταν σε βασανίζει μια θλίψη που δεν ήρθ' ακόμα
όταν ο πόνος δεν έχει όνομα ούτε χρώμα
τότε αγγίζει η ποίηση σαν χέρι τρυφερό το μέτωπό σου
και σε κάνει να πιστεύεις ότι είναι υψηλός ο σκοπός σου
ότι οι στίχοι σου δεν τελειώνουν με τη ζωή σου
ότι η ποίηση είναι η λογοδοσία της ψυχής σου.
Πιάνεις τότε την πένα
και νομίζεις πως γίνεσαι ένα
με την ωραιότητα και την αθανασία.
Όμως η ποίηση ποια σου ζητάει θυσία;
Τι θέλει γι' αντάλλαγμα;
Μοναχά ένα πράγμα.
Απ' τη γη που κατοικείς
τίποτα μην απαιτείς.
Όταν η πραγματικότητα να σε ανταμείψει
να σε πλουτίσει
μ' αιώνια δεσμά να σε δέσει
η να 'ναι εκείνη όπως σ' σένα αρέσει.
Ένα μόνο να λαχταράς
να 'ναι ακόμα γύρω σου η πραγματικότητα και να την αγαπάς
να 'ναι εκεί
και ας είναι αγέλαστη, ας είναι και στριφνή.

WHAT POETRY GIVES AND WHAT IT TAKES

What does poetry give and what does it take?
When the mere weight of a cloud
makes your insides start to plunge
when a simple look scrapes at old wounds
when a new infirmity opens new ones
when the lanterns of heaven shine on your future closing in
and all the things you've stored up in your life are not enough
when you're tormented by a grief still to come
when pain has neither name nor color
it's then poetry caresses your forehead like a gentle hand
and makes you believe your goal is a higher one
that your lines do not end with your life
that poetry is the chronicle of your soul.
Then you take up pen
and feel you are becoming one
with beauty and immortality,
but what sacrifice does poetry ask of you?
What does it want in exchange?
Just one thing…
Don't make demands of the
earth on which you dwell.
Nor ask reality to reward you,
enrich you,
bind you with eternal bonds --
or that it should be just the way you like it.
Long for one thing only,
that reality will remain beside you and you'll adore
it's being there
even when it's somber, even when it's crotchety.

ΠΑΕΙ ΚΑΙ ΤΟ ΦΕΓΓΑΡΙ

Το φεγγάρι, το φεγγάρι
τόσο προσκολλημένο
στο στήθος μου, στην κοιλιά
δεν το κοιτάω πια
όπως δεν κοιτάω πια
και τον καθρέφτη.
Το φεγγάρι τώρα
ένα χλωμό, αδύναμο φως
ελάχιστα φωτίζει και μόνο θυμίζει
άλλες στιγμές
όταν νύχτα με νύχτα
μαζί με το δρεπάνι του
μεγάλωνε κι ο πανσέληνος πόθος.
Και εσύ στα βότσαλα υγρή
θαρρούσες πως είχες συλλάβει
το νόημα της δημιουργίας
ονειρευόσουνα μια εποχή
μεταφυσική
όπου κανένας φανταχτερός ήλιος
δε θα σταματούσα το ποίημα-φεγγάρι
αφού το ασημένιοφως
είναι πάντα πιο ερωτικό
απ' το χρυσάφι της μέρας.
Νόμιζες, ανόητο θηλυκό
πως στο φεγγάρι τα ερεθιστικό
θα λικνιζόσουνα για πάντα.
Όμως πάει και το φέγγαρι
πάει κι αυτό.

THE MOON'S GONE AS WELL

The moon, the moon
so closely attached
to my bosom, my belly
I no longer look at it
just as I no longer look
at the mirror.
The moon now
a wan, weak light
illuminating little, reminding me
of other moments only
when night after night
working with its scythe
it grew into full moon desire.
And you moist there on the pebbles
believing you had articulated
the meaning of creation
dreaming of a metaphysical
epoch
when even a flamboyant sun
would not have been able to stop the moon-poem
for the silver light
is always more erotic
than day's gold.
You thought, silly female,
you would be forever cradled
by the arousal of the moon.
But the moon's gone as well
lost to me too.

ΕΝΑ ΑΠΛΟ ΚΡΕΒΑΤΙ

Κινήσεις που οδηγούν
σ' ένα απλό κρεβάτι
πώς να εμπνεύσουν πια;
Κρεβάτι χωρίς παραστάτη
χωρίς εφιδρώσεις
χωρίς εντυπώσεις
ένα άδειο στρωμένο πανί
μία οθόνη δίχως προβολή
και κινήσεις μονοσήμαντες
που σημαίνουν μόνο το τέλος
της μέρας.
Μια ειρήνη υπόγραψα φαίνεται
χωρίς καμία μάχη
να 'χει κερδηθεί ή χαθεί.
Ειρήνη είναι ο ύπνος
που έρχεται περιβρεγμένος
μόνο με την ελπίδα
του ονείρου.
Αλλά, αναπάντεχα
μια γλύκα απλώνεται στην επιφάνεια
της ταλαιπωρημένης σάρκας.
Τέλειωσε και τούτο το βράδυ.
Ακόμη ένα κομμάτι χρόνο
που δεν πρόδωσα
δε βλαστήμησα
την ώρα και τη στιγμή.
Ηταν η μέρα καλή
καμιά δεν ένιωσα νέα πληγή
καμιά δεν κακοφόρμιζε παλιά.

A SIMPLE BED

Movements which lead
to a simple bed
how can they now inspire me?
Bed without a back
without perspiration
without impressions
an empty cloth laid thereupon,
a screen with nothing projected on it
one-way gestures
which signal nothing more than
day's end.
Seems I signed a peace agreement
without any battle
having been won or lost.
Sleep is peace
sprinkled with nothing more
than the hope
of a dream.
But, unexpectedly,
a mellowness spreads along the surface
of the suffering flesh.
This evening ending as well.
Still one bit of time
I did not betray
did not curse
the hour and the moment.
It was a good day
I felt no new wound
no old one became inflamed.

Κρεβάτι απλό
με τέσσαρα πόδια
και καλοκαιρινά σεντόνια
βάναυσα λευκά.

A simple bed
with four legs
and summer sheets
of brazen white.

ΑΠΡΟΣΜΕΝΗ ΕΞΕΛΙΞΗ

Από ποιον ουρανό στάζει
αυτό το δηλητήριο
που με μια στάλα την ημέρα
τη ζωή μου ποτίζει;
Πού είναι το φως εκείνο
που η ύπαρξή μου πλημμύριζε
όταν η ματιά μου άγγιζε
το σώμα "εκείνου"
ελάχιστα να διαγράφεται
κάτω απ' το ανδρικό ντύσιμο;
Τότε ήταν που οι λέξεις ξεχείλιζαν
οι ιδέες πετούσαν σαν άγρια πουλιά
αρνιόντουσαν να τραφούν
απο λέξεις κι ας πεινούσαν.
Η νύχτα δεν τρομάζε;
αν και σιωπηλή, διηγούνταν παραμύθια
υποσχόταν την αυγή.
Οι άνθρωποι δεν ήσαν
το κουραστικό αντίθετο της μοναξιάς
αλλά πηγάδια που στο βάθος τους
έκρυβαν μυστικά δροσερά και παρήγορα.
Λέω: εγώ άραγε φταίω
η το μαύρο αντίθετο της ζωής
που όλα πλησιάζει;

UNFORESEEN DEVELOPMENT

From what sky is this
poison dripping down
watering my life
with one drop a day?
Where is that light
that flooded my existence
when my gaze touched upon
"that" body
faintly outlined
under its male apparel?
That's when words overflowed
and ideas flew about like wild birds
refusing to be fed by
words no matter how hungry they might be.
Night was not alarming
even when silent, fairy tales continued
promising dawn.
People were not
the wearying reverse of solitude
but wells which in their depths
hid mysteries cool and comforting.
I ask: am I to blame
or the black opposite of life
drawing near, ever nearer?

Η ΑΛΛΟΤΡΙΩΣΗ ΤΗΣ ΕΛΞΗΣ

Στον Κ. Ν.

Η σάρκα έγινε σελίδα
το δέρμα χαρτί
το χάδι έννοια αφηρημένη
το σώμα καινούρια θεωρία του ανύπαρχτου.
Αλήθεια, πως να περιγράψω
τη φύση όταν μ' έχει εγκαταλείψει
και μόνο στην πρεμιέρα του φθινόπωρου
θυμάται να με προσκαλέσει καμιά φορά;
Ελπίζω να βρω το θάρρος
μια τελευταία επιθυμία να εκφράσω:
γδυτό ενα ωραίο αρσενικό να δω
να θημηθώ, σαν τελευταία εικόνα
να κουβαλώ το ανδρικό σώμα
που δεν είναι ύλη
αλλά η υπερφυσική ουσία του μέλλοντας.
Γιατί αυτό θα πει ηδονή:
ν' αγγίζεις το φθαρτό
και να παραμερίζεις το θάνατο.

THE ALIENATION OF AFFINITY

To K. N.

The flesh became a page
the skin paper
the caress an abstract concept
the body a new theory of non-existence.
Truly, how can I describe
nature when it's abandoned me
only remembering to invite me
to autumn's premier…occasionally?
I hope I find the courage
to express one final wish:
to see a beautiful naked male
and remember, as an equally final image
myself straddling a male body
which is not matter
but the preternatural essence of the future.
Because *that* is real pleasuring:
to touch the perishable
while brushing death aside.

Η ΕΥΛΟΓΙΑ ΤΗΣ ΕΛΛΕΙΨΗΣ

Ευγνωμονώ τις ελλείψεις μου;
ό,τι μου λείπει με προστατεύει
απο κείνο που θα χάσω;
όλες οι ικανότητες μου
που ξεράθηκαν στο αφρόνιστο χωράφι της ζωής
με προφυλάσσουν από κινήσεις στο κενό
άχρηστες, ανούσιες.
Ό,τι μου λείπει με διδάσκει;
ό,τι μου 'χει απομείνει
μ' αποπροσανατολίζει
γιατί με προβάλλει εικόνες απ' το παρελθόν
σαν να 'ταν υποσχέσεις για το μέλλον.
Δεν μπορώ, δεν τολμώ
ούτ' έναν άγγελος περαστικό
να φανταστώ γιατί εγώ
σ' άλλον πλανήτη, χωρίς αγγέλους
κατεβαίνω.
Η αγάπη, από λαχτάρα που ήταν
έγινε φιλή καλή;
μαζί γευόμαστε τη μελαγχολία του Χρόνου.
Στέρησέ με – παρακαλώ το Άγνωστο –
στέρησέ με κι άλλο
για να επιζήσω.

THE BLESSING OF DEARTH

I am grateful for what I lack;
what I'm in want of protects me
from what I will lose:
all my powers
left to wither in the neglected field of life
that once guarded me from useless, insipid movements
in the void.
I've learned from what I have a dearth of,
what has been left me
disorients me
because it projects images from my past
as if they were future promises.
I can't, I don't dare
even imagine
a passing angel for I am
descending to another planet, one without
angels.
Love, once such a longing, has
become a good friend;
together we savor the melancholy of Time.
Deprive me – I beg the Unknown –
deprive me of more
so I may survive.

ΣΚΗΝΟΘΕΣΙΕΣ

Σκηνοθέτης αισθάνουμαι της αγωνίας μου
πρωταγωνιστής στο μονόπρακτο του άγχους.
Αλλά ποιος να 'ναι άραγε ο θεατρικός συγγραφέας;
Ποιος να έγραψε το έργο αυτό
με τις τόσες κουτσουρεμένες πράξεις
ποιος να 'ναι κρυμμένος πίσω απ' την αυλαία
αυτή που ο ίδιος δε θα δει ποτέ στο τέλος να πέφτει;

Όμως τα 'χε όλα φανταστεί
ο φανταστικός συγγραφέας
ως και τη στιγμή που αρχίζουν
να χαμηλώνουνε τα φώτα της ψυχής
ν' αδειάζει η σκηνή
που τώρα μοιάζει μ' άγραφη σελίδα.

STAGE DIRECTIONS

I feel I'm the director of my anguish
protagonist in anxiety's one-act play.
But who I wonder might be the playwright?
Who could have written this work
with so many lame scenes
who is hidden behind the
curtain he himself will never see fall at the end?

But he has imagined everything,
this imaginary writer,
even the moment when the lights
of the soul begin to lower
and the empty stage
comes to resemble an unwritten page.

ΜΟΝΑΧΙΚΟ

Τόπια τόπια το μαύρο περίμενε να με τυλίξει, το 'ξερα.

Ο μοναχός κοίταζε μεσ στο στόμα της
άδειο από δόντια και φιλιά.
Το μαύρο του καπέλο
λέκιαζε το μπλε τ' ουρανού
και η γαλήνη του ήταν όλο πτυχές
σαν τα χοντρά μεταξωτά
στους πίνακες των Ολλανδών.
Φαντάστηκε η Γιαννούσα
τις ώρες της σωτηρίας του
βουτηγμένες στο λάδι και στη σιωπή
και τους μοναχικούς του περιπάτους
ξυστά στην ολόδροση του πειρασμού χαράδρα.
Κι όπως η πολική αρκούδα
με το λίπος-όραμα του κορμιού της
αντέχει το κρύο γιατί στην παγωμένη τρύπα της
μιμείτα το θάνατο
τούτου δω η ψυχή
μες στον γκρίζο σάκο του μυαλού
μιμείται το απόλυτο
για ν' αντέξει τη ζωή.
Μόνο τα κλάματα του ακούγονται την νύχτα
κι οι κληματόβεργες που σπαν
σαν γονατίζει.

MONASTIC

Roll after roll of black was waiting to wrap itself round me and I knew it.

The monk was looking into her mouth
emptied of teeth and kisses.
His black cap
stained the sky's blue
and his serenity of as many folds
as the heavy silks
in Dutch paintings.
Yannousa imagined
the hours of his salvation
steeped in olive oil and silence
and his solitary monastic strolls
skirting the precipice fresh with temptation.
And like a polar bear
who with the visionary fat of her body
can withstand the cold because in her frozen burrow
she imitates death
while the soul of this one here
in its grey sack of brain
imitates the absolute
in order to withstand life.
His keening only to be heard at night,
and the vine-shoots snapping
when he kneels.

ΟΙ ΦΙΛΟΙ ΜΑΣ ΤΑ ΦΙΔΙΑ

Ίσως τα φίδια που μας ζώνουν
να 'ναι πλάσματα καλά
χρήσιμα
αφου ελευθερώνουν τις ιποψίες μας
γύρω απο τις ψευτικές υποσχέσεις.
Και όπως ελίσσονται
μας διδάσκουν οτι καμία πραγματικότητα
δεν είναι πιο πολύτιμη, πιο αληθινή
απ' την ανάσα της στιγμής.
Τι σου υποσχέθηκαν οι άνθρωποι;
Γλυκιά ζωή;
Μα θέλει μεγάλη φαντασία.
Τι σου υποσχέθηκαν οι άγιοι;
Αιώνια ζωή;
Μα θέλει μεγάλη αντοχή.

OUR FRIENDS THE SNAKES

Perhaps the snakes coiling round us
are good creatures
useful
freeing us of our suspicions
regarding false promises.
And as they coil round
they teach us there is no reality
more precious, more true
than this moment's breath.
What did people promise you?
Sweet life?
But that takes great imagination.
What did the saints promise you?
Eternal life?
But that takes great endurance.

ΣΑΝ ΑΣΤΕΙΟ ΤΡΑΓΟΥΔΙ

Είναι όλοι ηλιοκαμένοι
και εγώ είμαι ζαρωμένη
είναι όλοι μαυρισμένοι
κι είμαι κατακαημένη.
Τι νόημα έχει το θέρος
ο
όταν νιώθεις γέρος
τι νόημα έχει η υγεία
όταν το μέλλον κάνει απεργία;

Κράζουν οι γλάροι
κι οι φωνές τους ηχούν σαν επικρίσεις
σαν ν' ακούω το δάσκαλο να λλεει:
«Πήγαινε κι αύριο να 'ρθεις διαβασμένη».
Αύριο. Αύριο πάλι θα κοιτάζω
τα σώματα να κινούνται
σαν φωτοβολίδες στο σκοτάδι.
Στο δικό μου σκοτάδι.

BEGINNING LIKE A SILLY SONG

Sunburned to a one
while I alone by wrinkles overcome
deeply tanned each and everyone
while I alone have a crisp become.
What sense in summer
when old…what a bummer
what has health to like
when the future's gone on strike?

The seagulls caw
their voices echoing like reprimands
as if I'm hearing the teacher saying:
"Go home and tomorrow come back prepared."
Tomorrow. Tomorrow I'll again be watching
bodies moving about
like flares in the dark.
In my dark.

ΠΙΝΩ ΚΑΙ ΚΑΤΑΠΙΝΩ

Πώς θα 'ταν η ζωή μου τώρα
μ' όλα τα μαύρα μου με ζώνουν
και φοβάμαι σαν μικρά ζωάκι
τρέμω την αρκούδα νύχτα
τρέμω μην έχουν ολ' αποφασιστεί
πίσω απ' τα σύννεφα,
πώς θα 'ταν η ζωή μου
χωρίς το μεθυστικό υγρό που καταπίνω
χωρίς αυτό το πότισμα
που θεριεύει και διανθίζει τις ελλείψεις μου
κι ελαφρώνει το βάρος της μέρας
το αβάσταχτο φορτίο της νύχτας
χωρίς κάτω απ 'τη γλώσσα
να κουρνιάζει ένα όνειρο
το όνειρο να γίνεται σώμα ρευστό
να το αγγίζω με την κάθε ρουφηξιά
αλλά και χωρίς να παύω ποτέ
να μετρώ σταλιά σταλιά
το άδειο που λιμνάζει μέσα μου;

I DRINK I SWALLOW

How would my life be now
with all this black closing in on me
till I'm as afraid as a tiny bug
trembling before this bear of a night
trembling thinking everything may have been
decided on behind the clouds…
how would my life be
without the intoxicating liquid I swallow
without this soaking
which intensifies and embellishes my failings
but lightens the weight of the day
the unbearable burden of night
without a dream to roost
beneath my tongue
the dream becoming a fluid body
I absorb with each swig
and without ever stopping
to count drop by drop
the emptiness that stagnates inside of me?

Η ΜΟΝΟΣΗΜΑΝΤΗ ΦΥΣΗ

Η φύση, με ρομαντική μονοτονία
σχεδιάζει την άνοιξη της ζωής μας
αντιγράφοντας τα δικά της εφηβικά όνειρα.
Λουλούδια, λουλούσια με λίγες διαφορές
στο χώμα, τη στιγμή άνθισης
που με την κίνησή τους σημαίνουν
την ευγενική καταγωγή καποιου κήπου
ή την αγριάδα της βλάστησης.
Αέρηδες ταξιδεύουν
μαλλιά ανεμίζουνε
στήθη ξανοίγονται στον ήλιο
κι αμέσως στεγνώνουν τα χνάρια απ' τα φιλιά.
Άνοιξη, τόσο κοντά στην αρχή
πράσινο, μέλισσες
νεανική πάντα του σύμπαντος η φωνή.
Αλλ' όμως τι μονοτονία, το πλήξη
όλο αυτό το ακατάσχετο φως της ζωής
που να κόβεται ποτέ σου δε θα δεις
κι όσο επαναλαμβάνεται
τόσο το ευγνωμονείς.

Ενώ η δάση
έχει τόση ποικιλία!
Κάθε ψυχή αλλιώς τη φαντάζεται
κι αλλιώς αυτή θα 'ρθει
σ' άλλη ώρα, αλλιώτικα ντυμένη
κάτι μυστηριακό να εκπέμπει ίσως.
Σε ξεγελούν τα πορφυρά σύννεφα
κι όταν αυτά υποκύψουν
στο μαύρο εαυτό τους

ONE-TRACK NATURE

Nature, with romantic monotony,
designs the spring of our life
by copying its own adolescent dreams.
Flowers, flowers with a few differences
in color, the time they bloom
which through their motions indicate
the noble origins of a certain garden
or vegetation let run riot.
Winds travel
hair streams
chests expose themselves to the sun
and immediately the prints left by kisses dry up.
Spring, so close to the start,
green, bees
forever the youthful voice of the universe.
However, the monotony, the tedium
all this irrepressible glow of life
that you will never see turned off
but the more it's repeated
the more grateful you become.

While sunset comes in such
stunning variety!
Each soul imagines it otherwise
and otherwise it will be
at another time, dressed differently
perhaps even transmitting something mysterious.
The purple clouds deceive you
and when they submit
to their black selves

νομίζεις πως εσύ όλα τα φαντάστηκες
πως εσύ ποιητικά συνέλαβες
μια άλλη ουτοπία.
Στην ουσία το τέλος είναι αυτό
που δε γνωρίζει τη μονοτονία
της ύπαρξεις
που δε γνωρίζει την επανάληψη
του εγώ.

you think that you imagined all
that you poetically contributed
to another utopia.
In essence the end is like that
for it knows nothing of the monotony
of existence
just as it knows nothing of the repetition
of I.

ΠΡΩΙΝΟ ΑΝΤΙΘΕΤΟ ΣΤΗ ΜΕΡΑ

Το πρόσωπο του πρωινού είχε μια έκφραση
έμπορα όταν δε διαθέτει το εμπόρευμα
που του ζητάς.
Και πώς να το 'χει, πού να βρει
ελπίδα, φτερά για μια κίνηση ψηλά
τις αλοιφές της ηδονής,
ένα σώμα θαυματουργό να σε κοιτά
πού να βρει την άλλη, τη γυαλιστερή όψη των πραγμάτων
πριν αρχίσει η δοκιμασία της επαλήθευσης
πριν αρχίζει ένα πρωινό
με μια μόνο ευχή:
τη διατήρηση μιας άνοστης υγείας
αφού τα φύλλα δε συγκινούν πια
όπως λικνίζονται στ' αεράκι,
τα πύρινα δάκρυα του ήλιου που δύει
που πεθαίνει μαζί με τη μέρα
αδιάφορη σ'αφήνουν
αφού κι η καινούρια να 'ρθει μέρα
τίποτ' απ' αυτή δεν περιμένεις.
Καλημέρα λοιπόν... με αποσιωπητικά.

MORNING AS OPPOSED TO DAY

Morning's face bore the expression of
a merchant who doesn't have the merchandise
you ask him for.
And how could he, where would he find
hope, wings to fly high with
and the ointments of sensual delight,
a miracle-working body to look at you,
trying to find the other, the shimmering surface of things,
before the ordeal of verification begins
before a morning begins
with only one wish:
the preservation of an insipid health
for the leaves no longer move one
as they sway in the breeze,
the incandescent tears of the setting sun
dying along with day
leave you indifferent
because even if a new day should come
you'll be expecting nothing to come of it.
So, good morning…dot… dot… dot…

ΛΑΘΡΕΠΙΒΑΤΗΣ ΣΤΟ ΟΝΕΙΡΟ

Στον Πετρή και στην Τζάκυ

Βρέθηκα εκεί, φύτρωσα
χωρίς κανένας να μ έχει σπείρει
ανυπομονούσα
χωρίς να 'χω τίποτα
να περιμένω.
Είχαν στερέψει τα σκοτάδια
μέσα μου
και δεν είχα με τι να θρέψω
το όνειρο
που το χρειάζεται το σκοτάδι
για να φανερώσει της ζωής
το φως.
Μόνο ένα χρώμα άδειο, ουδέτερο
την πέτρα της καρδιάς μου
σκέπαζε.
Και να που ήρθε
ύστερ' από τόσο καιρό
χωρίς να παριστάνει
φανταστικές χαρές
η ακραίες απελπισίες.
Ηρθε το όνειρο
και μόνο μια τσάντα κρατούσε
την τσάντα μου.
Την είχα χάσει
την έψαχνα παντού
όμως πια χωρίς τον κυρίαρχο
αφέντη του παρόντος μου
— τον πανικό —

STOWAWAY IN A DREAM

For Peter and Jackie

I happened to be there, sprouted
without anyone having planted me
I was impatient
without having anything
to look forward to.
The darkness within me
had dried up
so I was left with nothing to feed
the dream
needed by the dark
to reveal the light
of life.
Only a single color, empty, neutral
covered the stone of my
heart.
And then finally it came,
after so very long
but without depicting
incredible joy
or extreme despair.
The dream came
holding nothing but a handbag
my handbag.
I'd lost it
had been looking for it everywhere
only now without the sovereign
lord of my presence
— panic —

αλλά με μια παραμυθένια γαλήνη.
Εισιτήριο δεν είχα πληρώσει
μα το όνειρο
γενναιόδωρα μου είχε χαρίσει
ένα σύντομο ταξίδι
σε μια χώρα απελευθερωμένη.
Απελευθερωμέέη από τα καταναγκαστικά
παροράματα της πραγματικότητας.

but rather with an otherworldly serenity about it.
I hadn't paid for a ticket
but the dream
generously granted me
a brief trip
to a liberated country.
Liberated from the compulsory
mirages of reality.

Η ΝΟΜΟΤΕΛΕΙΑ ΤΩΝ ΔΑΚΡΥΩΝ

Πριν η ψυχή ανακαλύψει
το δάκρυ – η ψυχή ήταν
ή η φύση; – τι έκανε
για να εκφράσει την πιο απόλυτη
απώλεια, την απώλεια του μελλοντικού
χρόνου; Όταν όλο αποδυναμώνεται
το ΘΑ και θολώνει ο ορίζοντας
απ' το ανοιχτό παράθυρο;

Αλλά εφεύρε η πανέξυπνη αυτή
– ψυχή η φύση; –
το δάκρυ.
Μ' αυτό δροσίζεται ο πόνος
ποτίζεται και καρποφορεί
η απορία
ενώ φυτρώνουν άλλα ερωτήματα
στο νου, πιο κοντά στην ουσία.

Άραγε γιατί, όσο προχωράει
όλο αυτό που νομίζουμε
πως κάτι είναι
στην πραγματικότητα να πλησιάζουμε
το ακλόνητο τίποτα;

Αυτό το τίποτα
που ποτέ δε θ' αντικρίσουμε
ούτε την άδεια σάρκα του
θ' αγγίξουμε ποτέ.
Αυτό το στείρο τίποτα
που και δάκρυα στεγνώνει.

THE NECESSITY OF TEARS

Before the soul discovered
tears – was it the soul
or was it nature? – how did
it manage to express the most absolute
loss, the loss of future
time? When WILL has been steadily
undermined and the horizon even through
the open window grows dim?

But whether soul or nature? it did come up
with this brilliant
tear.
Through it pain is tempered
and doubt
watered comes to bear fruit
while other questions spring up
in the mind, closer to the crux.

So why is it, as it proceeds
do we keep thinking
that something in
reality is moving us closer
to irrefutable nothingness?

That nothingness that
we will never encounter
nor even touch its
emptied flesh.
This barren nothingness
which can even dry up tears.

ΕΠΟΧΗ ΑΝΤΙΠΑΘΕΙΑΣ

Η αντιπάθεια απλώνεται σαν πανώλη·
αντίπαλος είναι του πάθος
εχθρός της συμνόνιας.
Τα Ζώα που με ημέρευαν
--όλα τα αγαπούσα—
σέρνονται τώρα σαν φίδια
στέκονται σαν αρπαχτικά
με γουρλωμένα μάτια
και μήνυμα μου στέλνουν
πως ό,τι ζει δεν είναι πάντα για καλό
κι ό,τι πεθαίνει
δεν είναι πάντα απελπισία.

Οι άντρες
με τα προκλητικά παντελόνια
υφάσματα τεντωμένα με φαντασία
ελαφρά αξύριστοι
με την έξυπνη ματιά
που μεταμορφωνόταν σε κτηνώδι
και χυνόταν πηχτή
στα λευκά σεντόνια
βουλιάζουν
στα μουχλιασμένα νερά της μνήμης
κι ούτε λίγη συμπάθεια
δεν αφήνουν πίσω τους
λίγο δέος για τα κατορθωματά τους.

Και οι γυναίκες, οι φιλενάδες,
που μαζί πλέκαμε τον ιστό της ζωής
γελάγαμε με κάθε στραβο-βελονιά

AGE OF AVERSION

Aversion spreads like plague;
adversary of passion
enemy of compassion.
The animals which calmed me
-- I loved them all –
now slither like serpents
stand still as predators
with bulging eyes
and send me a message
that being alive is not always good
and what dies
is not always a cause for despair.

Men
with their provocative trousers
fabrics taut with fantasy
their five o'clock shadows
their shrewd gaze
changing in a flash to a brutish one
coming thickly
on white sheets
as they sink
into the stagnate water of memory
without even leaving behind
even a little compassion
a little awe at their own achievements.

And the women, the girl friends,
we who were weaving together the web of life --
laughing over every crooked stitch

κι άνθιζαν τα απόρρητα μυστικά
στα λαμπερά χείλη μας
εμείς, που στα σπλάχνα μας
νιώθαμε την παρουσία μας στη γη
σημαντική
ακόμη κι αν μόλις είχε βροντήξει
πίσω του την πόρτα «εκείνος»,
έγιναν κουραστικές κυρίες
με εμμονές, μανίες νοικοκυροσύνης
η απελπισμένες κινήσεις
για να προλάβουν το τελευταίο τρένο
της διασμότητας.

Αλλά τη φοβερότερη αντιπάθεια
τη νιώθεις για κείνον
που τα νιώθει ολ' αυτά
λες κι ήταν αυτός κάποιο ανώτερο ον
λες κι είχε φτερά
και πετούσα πάνω απο νεκρούς
φιλοδοξίες και απορρίμματα
λες κι ήταν
ο δικός σου εαυτός
λιγότερο άχρηστος και αντιπαθητικός.

while confidential secrets flowered
on our bright lips,
we, who deep in our guts
felt our presence on earth
of importance
even if "he" had just slammed
the door behind him;
they became tedious ladies
wrapped up in housekeeping obsessively
or moving in desperation
to try and catch the last train
to fame.

But the worst aversion of all
is what you feel for the one
who feels all that
as if he were some kind of higher being
you'd think he had wings
and flew high above dead
ambitions and rubbish
you'd think he was
your own self
just less useless and unlikeable.

ΚΑΗΚΕ "ΟΛΟΣΧΕΡΩΣ" ΤΟ ΕΓΩ

...κι αντί για την απόγνωση
μπρος στο τσακισμένο δέρμα σου
τον πνιγμό μες στον κατακλυσμό της ανάμνησης "εκείνου"
την απελπισία σαν αντικρίζεις
την κατάξερη πεδιάδα του μελλοντός σου
--ενώ από συνήθεια προφέρεις πάντα την λέξη "αύριο"—
αντί για την εσωτερική συντέλεια του κόσμου
την εγωκεντρική ελπίδα
πως κάποιο νόημα ίσως έχει η ζωή σου,
απρόσμενο αισθάνεσαι πόνο βαθύ
κοιτώντας εικόνες καταστροφής της φύσης
αυτής που στο βάθος της σκέψης σου
ήταν η μόνη σου παρηγοριά
πως θα ζήσεις για πάντα κάτω απ᾽ τις ρίζες των παιδιών της
κάτω απ' το χώμα πως θα νιώθεις τα φύλλα να κυλιούνται
τα πουλιά για ένα λεπτό να ξεκουράζονται.

Όμως ο τρόμος μπρος στην ολόμαυρη κατασροφή
που τυλίγει τα δάση
η φρίκη σαν ακούς τα προγνωστικά
των άχριστων σοφών
πως ίσως ποτέ στην πλαγιά αυτή
οι κορφές των δέντρων
δε θα ξαναγαργαλήσουν τους ουρανούς
μπερδεύεται παράξενα στη ρίζα της καρδιάς σου
με μια αγαλλίαση
γιατί επιτέλους ξέφυγες απ' τη φυλακή τού "εγώ"
αυτού που με ανούσιες συχνά λεπτομέρειες
καταργεί ό,τι ποσοστό συμμπόνιας σου έχει δοθεί.
Για μια στιγμή δε γαντζώνεσαι πια

THE EGO "ENTIRE" WENT UP IN FLAMES

… so instead of desolation
faced with your wrinkled skin
drowning in the cataclysm of the memory of "him"
the despair when you encounter
the parched plain of your future
-- which out of habit you always speak of as "tomorrow" —
instead of the inner end of the world
the egocentric hope
that perhaps your life does have some value
and you unexpectedly feel profound pain
looking at pictures of the destruction of nature
the thing that in the depth of your thought
was your only consolation…
that you would live forever under the roots of her children
that under the earth you would sense the leaves tossed about
the birds for a moment taking a rest.

But the terror when facing the pitch-black disaster
enveloping the forests
the horror upon hearing the predictions
of useless seers
that perhaps on this very slope
the crowns of trees
will never again tickle the heavens
gets oddly entangled in the core of your heart
with a certain exultation
because you have at last escaped from the "ego-prison"
which with its penchant for vapid details
nullifies whatever amount of compassion you were given.
For a moment you are no longer shackled

στα κάγκελα της ασημαντότητάς σου
τη συγκρίνεις με την αιώνια συμασία
της βλάστησης
και σ' αυτή παραδίδεσαι μ' όλο σου το κορμί.

Αίγινα 6/9/2007

to the railing of your insignificance
to comparisons with the ageless importance
of vegetation
and with your whole being surrender yourself to this.

                                            Aegina 9/6/2007

ΣΩΣΙΒΙΕΣ ΛΕΠΤΟΜΕΡΕΙΕΣ

Παράξενες μεταλλαγές παρουσιάζει
το ανοσοποιητικό σύστημα της ζωής μου
κι αυτό που πάντα μισούσα
—την προσκόλληση στις λεπτομέρειες—
με βοηθάει να ζήσω.
Η επανάληψη μιας κίνησης μικρής
μιας ιδέας μιας στιγμής
θάρρος μου δίνει ν' αντικρίσω
το πέλαγος της ζωής μου
που δεν μπορώ πια να διασχίσω
τη μαύρη κουρτίνα του άγνωστου
που πέφτει μπροστά μου.
Μάζεψε λοιπόν το σκουπιδάκι, λέω
και ξέχνα το βουνό
των απορριμμάτων
που στοιβάζονται γύρω σου.

LIFE-SAVING DETAILS

The immune system of my life
is presenting me with some strange
changes and what I always hated
-- the attention to details –
is helping me stay alive.
The repetition of a small movement,
an idea, gives me for a moment
the courage to confront
the open sea of my life
and I am no longer able to cross
the black curtain of the unknown
that falls before me.
So gather up your bit of rubbish, I tell myself,
forget about the mountain
of trash
that is piling up all around you.

ΥΠΕΝΘΥΜΙΣΕΙΣ ΤΟΥ ΕΡΩΤΑ

Αν σ' έχει ξεχάσει ο έρωτας
εσύ θα τον ξαναθυμηθείς
μόλις η ματιά σου αγγίξει τη φύση
τις πλαγιές, τα κύματα
τα φυλλοβόλα δέντρα
που δεν αμφισβητούν ποτέ τις εποχές
τα ζώα που βγαίνοντας
απ' την κοιλιά της μάνας τους
ξέρουν κιόλας πώς να ζήσουν
πώς ν' αντισταθούν στους εχθρούς
που τους έχει ορίσει η φύση.
Πρόσεξε μόνο μην η Ζωντανεμένη ανάμηνση
πέσει πάνω στο σωρό
απ' τις προδομένες προσδοκίες σου
τ' αναπάντητα όνειρά σου.

REMINDERS OF LOVE

If love has forgotten you
you yourself will be reminded of it
when your eye falls on nature,
the slopes, the waves
the deciduous trees
which never question the seasons
animals coming out
of their mother's belly
already knowing how to live
how to stand up to their enemies
which nature has appointed them.
Just take care that the revived memory
doesn't fall on the pile
of your betrayed expectations,
your unanswered dreams.

ΠΟΙΗΤΙΚΟ ΥΣΤΕΡΟΓΡΑΦΙΑ

Τα ποιήματα δεν μπορούν πια
να 'ναι ωραία
αφού η αλήθεια έχει ασχημύνει.
Η πείρα είναι τώρα
το μόνο σώμα των ποιημάτων
κι όσο η πείρα πλουταίνει
τόσο το ποίημα τρέφεται και ίσως δυναμώσει.
Πονάν τα γόνατά μου
και την Ποίηση δεν μπορώ πια να προσκυνήσω,
μόνο τις έμπειρες πληγές μου
μπορώ να της χαρίσω.
Τα επίθετα μαράθηκαν;
μόνο με τις φαντασιώσεις μου
μπορώ τώρα την Ποίηση να διανθίσω.
Όμως πάντα θα την υπηρετώ
όσο βέβαια εκείνη με θέλει
γιατί μόνο αυτή με κάνει λίγο να ξεχνώ
τον κλειστό ορίζοντα του μέλλοντός μου.

POETIC POSTSCRIPT

Poems are no longer able
to be beautiful
because the truth has turned ugly.
Experience now
the sole body of poems
and the richer the experience
the better nourished the poem, perhaps giving it strength.
My knees ache
and I can no longer kneel before Poetry,
the wounds of my experience
all I have to offer.
The adjectives have withered;
only through my fantasies
can I now make Poetry bloom.
But I will always serve it
as long, that is, as it wants me
because it alone can make me forget for a while
the horizon of my future is now closed.

In addition to the personal, lyrical work involved in these poems, Katerina Anghelaki-Rooke was also active in pushing for women's rights, fighting censorship during the Greek junta, encouraging younger female poets and calling people's attention to neglected older ones. The woman I knew for 55 years always embraced all and everything, at tavernas, or in her home on Aegina, dancing to remebetika songs in taverns when it was only done by men, and even though one of her arms and legs were disabled. She was not one to let any disability, physical or mental, stand in her way. And in that same way, she met all challenges because death had always been particularly vivid to her, as if it were physically present in the room. She knew that poetry might at some point desert her as a creative force, but that she would never desert it.

In this book the future is no longer positive, and memory when it comes is not to be trusted. Regardless, what she has here made of her bit of a crumbling present is enough to show that poetry will be there in some form till the end. The book does not comfort, but inspires — showing just how powerful a "force of nature" poetry can be. The poet's appetite for living may be "lost" but this book, in choosing acceptance over denial, triumphs in spite of enormous and overwhelming loss.

The Greek poet and translator Katerina Anghelaki-Rooke passed away in January, 2020, at the age of 81.

About the poet

Katerina Anghelaki-Rooke was born in Athens in 1939, has published 20 collections of her own poetry. A tetra-lingual, she has translated well-known English, French and Russian poets into Greek. She received grants from the Ford Foundation, studied at the International Writing Program at the University of Iowa, was Fulbright Visiting Lecture in the United States in 1980-81 and taught at Harvard, the University of Utah and San Francisco State University. She has twice (1985, 2012) won the Greek National Prize for poetry and the Greek Academy's Award in 2000. She has been the subject of numerous studies, notably those of Karen Van Dyck and Hatto Fischer.

About the translator

Philip Ramp (b. 1940) was born in Michigan and attended the University of Michigan. He has lived in Greece for over 50 years (50 of them with his wife who recently died). He has published 15 collections of his own poetry and an equal number of collections of Greek poets in English translation. Both his poetry and his translations from the Greek have been published in the USA, UK and Greece.

Fomite

About Fomite

A fomite is a medium capable of transmitting infectious organisms from one individual to another.

"The activity of art is based on the capacity of people to be infected by the feelings of others." Tolstoy, *What Is Art?*

Writing a review on Amazon, Good Reads, Shelfari, Library Thing or other social media sites for readers will help the progress of independent publishing. To submit a review, go to the book page on any of the sites and follow the links for reviews. Books from independent presses rely on reader-to-reader communications.

For more information or to order any of our books, visit:
http://www.fomitepress.com/our-books.html

More Titles from Fomite...

Novels
Joshua Amses — *During This, Our Nadir*
Joshua Amses — *Ghatsr*
Joshua Amses — *Raven or Crow*
Joshua Amses — *The Moment Before an Injury*
Charles Bell — *The Married Land*
Charles Bell — *The Half Gods*
Jaysinh Birjepatel — *Nothing Beside Remains*
Jaysinh Birjepatel — *The Good Muslim of Jackson Heights*
David Brizer — *Victor Rand*
L. M Brown — *Hinterland*
Paula Closson Buck — *Summer on the Cold War Planet*
Dan Chodorkoff — *Loisaida*
Dan Chodorkoff — *Sugaring Down*
David Adams Cleveland — *Time's Betrayal*
Paul Cody— *Sphyxia*
Jaimee Wriston Colbert — *Vanishing Acts*
Roger Coleman — *Skywreck Afternoons*
Marc Estrin — *Hyde*
Marc Estrin — *Kafka's Roach*
Marc Estrin — *Speckled Vanities*
Marc Estrin — *The Annotated Nose*
Zdravka Evtimova — *In the Town of Joy and Peace*
Zdravka Evtimova — *Sinfonia Bulgarica*
Zdravka Evtimova — *You Can Smile on Wednesdays*

Fomite

Daniel Forbes — *Derail This Train Wreck*
Peter Fortunato — *Carnevale*
Greg Guma — *Dons of Time*
Richard Hawley — *The Three Lives of Jonathan Force*
Lamar Herrin — *Father Figure*
Michael Horner — *Damage Control*
Ron Jacobs — *All the Sinners Saints*
Ron Jacobs — *Short Order Frame Up*
Ron Jacobs — *The Co-conspirator's Tale*
Scott Archer Jones — *And Throw Away the Skins*
Scott Archer Jones — *A Rising Tide of People Swept Away*
Julie Justicz — *Degrees of Difficulty*
Maggie Kast — *A Free Unsullied Land*
Darrell Kastin — *Shadowboxing with Bukowski*
Coleen Kearon — *#triggerwarning*
Coleen Kearon — *Feminist on Fire*
Jan English Leary — *Thicker Than Blood*
Diane Lefer — *Confessions of a Carnivore*
Diane Lefer — *Out of Place*
Rob Lenihan — *Born Speaking Lies*
Colin McGinnis — *Roadman*
Douglas W. Milliken — *Our Shadows' Voice*
Ilan Mochari — *Zinsky the Obscure*
Peter Nash — *Parsimony*
Peter Nash — *The Perfection of Things*
George Ovitt — *Stillpoint*
George Ovitt — *Tribunal*
Gregory Papadoyiannis — *The Baby Jazz*
Pelham — *The Walking Poor*
Andy Potok — *My Father's Keeper*
Frederick Ramey — *Comes A Time*
Joseph Rathgeber — *Mixedbloods*
Kathryn Roberts — *Companion Plants*
Robert Rosenberg — *Isles of the Blind*
Fred Russell — *Rafi's World*
Ron Savage — *Voyeur in Tangier*
David Schein — *The Adoption*
Lynn Sloan — *Principles of Navigation*
L.E. Smith — *The Consequence of Gesture*
L.E. Smith — *Travers' Inferno*
L.E. Smith — *Untimely RIPped*
Bob Sommer — *A Great Fullness*
Tom Walker — *A Day in the Life*
Susan V. Weiss — *My God, What Have We Done?*

Fomite

Peter M. Wheelwright — *As It Is On Earth*
Suzie Wizowaty — *The Return of Jason Green*

Poetry

Anna Blackmer — *Hexagrams*
L. Brown — *Loopholes*
Sue D. Burton — *Little Steel*
David Cavanagh— *Cycling in Plato's Cave*
James Connolly — *Picking Up the Bodies*
Greg Delanty — *Loosestrife*
Mason Drukman — *Drawing on Life*
J. C. Ellefson — *Foreign Tales of Exemplum and Woe*
Tina Escaja/Mark Eisner — *Caida Libre/Free Fall*
Anna Faktorovich — *Improvisational Arguments*
Barry Goldensohn — *Snake in the Spine, Wolf in the Heart*
Barry Goldensohn — *The Hundred Yard Dash Man*
Barry Goldensohn — *The Listener Aspires to the Condition of Music*
R. L. Green — *When You Remember Deir Yassin*
Gail Holst-Warhaft — *Lucky Country*
Raymond Luczak — *A Babble of Objects*
Kate Magill — *Roadworthy Creature, Roadworthy Craft*
Tony Magistrale — *Entanglements*
Gary Mesick — *General Discharge*
Andreas Nolte — *Mascha: The Poems of Mascha Kaléko*
Sherry Olson — *Four-Way Stop*
Brett Ortler — *Lessons of the Dead*
David Polk — *Drinking the River*
Janice Miller Potter — *Meanwell*
Janice Miller Potter — *Thoreau's Umbrella*
Philip Ramp — *The Melancholy of a Life as the Joy of Living It Slowly Chills*
Joseph D. Reich — *A Case Study of Werewolves*
Joseph D. Reich — *Connecting the Dots to Shangrila*
Joseph D. Reich — *The Derivation of Cowboys and Indians*
Joseph D. Reich — *The Hole That Runs Through Utopia*
Joseph D. Reich — *The Housing Market*
Kenneth Rosen and Richard Wilson — *Gomorrah*
Fred Rosenblum — *Playing Chicken with an Iron Horse*
Fred Rosenblum — *Vietnumb *
David Schein — *My Murder and Other Local News*
Lawrence Schimel — *Desert Memory: Poems of Jeannette L. Clariond*
Harold Schweizer — *Miriam's Book*
Scott T. Starbuck — *Carbonfish Blues*
Scott T. Starbuck — *Hawk on Wire*
Scott T. Starbuck — *Industrial Oz*
Seth Steinzor — *Among the Lost*

Fomite

Seth Steinzor — *To Join the Lost*
Susan Thomas — *In the Sadness Museum*
Susan Thomas — *The Empty Notebook Interrogates Itself*
Sharon Webster — *Everyone Lives Here*
Tony Whedon — *The Tres Riches Heures*
Tony Whedon — *The Falkland Quartet*
Claire Zoghb — *Dispatches from Everest*

Poetry - Dual Language
Vito Bonito/Alison Grimaldi Donahue — *Soffiata Via/Blown Away*
Antonello Borra/Blossom Kirschenbaum — *Alfabestiario*
Antonello Borra/Blossom Kirschenbaum — *AlphaBetaBestiaro*
Antonello Borra/Anis Memon — *Fabbrica delle idee/The Factory of Ideas*
Aristea Papalexandrou/Philip Ramp — *Μας προσπερνά/It's Overtaking Us*
Mikis Theodoraksi/Gail Holst-Warhaft — *The House with the Scorpions*
Paolo Valesio/Todd Portnowitz — *La Mezzanotte di Spoleto/Midnight in Spoleto*

Stories
MaryEllen Beveridge — *After the Hunger*
MaryEllen Beveridge — *Permeable Boundaries*
Jay Boyer — *Flight*
L. M Brown — *Treading the Uneven Road*
L. M Brown — *Were We Awake*
Michael Cocchiarale — *Here Is Ware*
Michael Cocchiarale — *Still Time*
Neil Connelly — *In the Wake of Our Vows*
Catherine Zobal Dent — *Unfinished Stories of Girls*
Zdravka Evtimova —*Carts and Other Stories*
John Michael Flynn — *Off to the Next Wherever*
Derek Furr — *Semitones*
Derek Furr — *Suite for Three Voices*
Elizabeth Genovise — *Where There Are Two or More*
Andrei Guriuanu — *Body of Work*
Zeke Jarvis — *In A Family Way*
Arya Jenkins — *Blue Songs in an Open Key*
Jan English Leary — *Skating on the Vertical*
Marjorie Maddox — *What She Was Saying*
William Marquess — *Badtime Stories*
William Marquess — *Because Because Because Because Because*
William Marquess — *Boom-shacka-lacka*
William Marquess — *Things I Want You to Do*
Gary Miller — *Museum of the Americas*
Jennifer Anne Moses — *Visiting Hours*
Martin Ott — *Interrogations*

Fomite

Christopher Peterson — *Amoebic Simulacra*
Christopher Peterson — *Scratch the Itchy Teeth*
Charles Phillips — *Dead South*
Jack Pulaski — *Love's Labours*
Charles Rafferty — *Saturday Night at Magellan's*
Ron Savage — *What We Do For Love*
Fred Skolnik— *Americans and Other Stories*
Lynn Sloan — *This Far Is Not Far Enough*
L.E. Smith — *Views Cost Extra*
Caitlin Hamilton Summie — *To Lay To Rest Our Ghosts*
Susan Thomas — *Among Angelic Orders*
Tom Walker — *Signed Confessions*
Silas Dent Zobal — *The Inconvenience of the Wings*

Odd Birds
Micheal Breiner — *the way none of this happened*
Bill Davis — *Cheap Gestures*
J. C. Ellefson — *Under the Influence: Shouting Out to Walt*
David Ross Gunn — *Cautionary Chronicles*
Andrei Guriuanu & Teknari — *The Darkest City*
Gail Holst-Warhaft — *The Fall of Athens*
Roger Lebovitz — *A Guide to the Western Slopes and the Outlying Area*
Roger Lebovitz — *Twenty-two Instructions for Near Survival*
dug Nap— *Artsy Fartsy*
Delia Bell Robinson — *A Shirtwaist Story*
Peter Schumann — *A Child's Deprimer*
Peter Schumann — *All*
Peter Schumann — *Belligerent & Not So Belligerent Slogans from the Possibilitarian Arsenal*
Peter Schumann — *Bread & Sentences*
Peter Schumann — *Charlotte Salomon*
Peter Schumann — *Diagonal Man Theory + Praxis, Volumes One and Two*
Peter Schumann — *Faust 3*
Peter Schumann — *Planet Kasper, Volumes One and Two*
Peter Schumann — *We*

Plays
Stephen Goldberg — *Screwed and Other Plays*
Michele Markarian — *Unborn Children of America*

Essays
William Benton — *Eye Contact: Writing on Art*
Robert Sommer — *Losing Francis: Essays on the Wars at Home*
George Ovitt & Peter Nash — *Trotsky's Sink*